LEVANTEMOS EL CIELO

Una leyenda de los indios Snohomish

Contada por Richard Vaughan   Illustrada por Robin Moore
Adaptada por Marisa Almada

GoodYearBooks

Hace mucho tiempo, el cielo estaba muy bajo.
Estaba tan bajo que la gente se golpeaba la cabez
y los animales se subían al cielo para esconderse.

La gente se cansó de golpearse la cabeza
y de perseguir a los animales hasta el cielo.

—Debemos levantar el cielo.
Parece que la reina del cielo
se ha quedado dormida.

6

La gente buscó unos troncos largos
para levantar el cielo.

9

Al día siguiente, la reina del cielo se quedó
dormida otra vez y tres muchachos tuvieron que
perseguir a cuatro venados hasta el cielo.

10

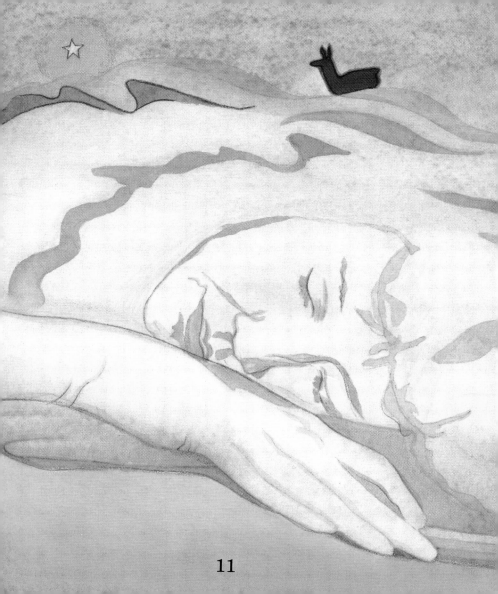

La gente no vio a los venados,
ni tampoco a los muchachos.
La gente levantó el cielo más y **más arriba.**

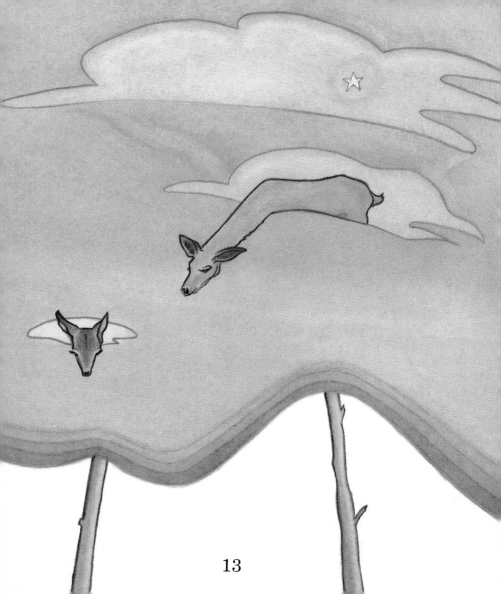

El cielo quedó tan alto
que los muchachos y los venados
no pudieron bajar nunca más.

15

Esa noche se convirtieron
en el grupo de estrellas
que llamamos la Osa Mayor.